un nuevo tú.

tu vida nueva en Jesús

DALE A. O'SHIELDS

Un Nuevo Tú

ISBN 978—1—7333019—1—6
Segunda edición

Impreso en Estados Unidos de América.
10 9 8 7 6 5 4 3 2

Prólogo

La decisión más importante que podemos hacer es la decisión de dar nuestro corazón y vida a Jesucristo. Una relación con Jesús asegura nuestro destino eterno y nos lleva a una auténtica realización en la vida. La promesa de Dios para nuestro futuro se revela en las palabras del profeta Jeremías:

> "Pues yo sé los planes que tengo para ustedes—dice el Señor—. Son planes para lo bueno y no para lo malo, para darles un futuro y una esperanza." (Jeremías 29:11).

Para descubrir y vivir estos maravillosos planes que Dios tiene para nosotros, debemos tomar en serio nuestra responsabilidad de crecer en el Señor mediante el conocimiento y la aplicación de Su Palabra.

Con este libro quiero ayudarte a tener un buen inicio en este viaje hacia tu crecimiento espiritual y una vida productiva. Las verdades que se presentan aquí son esenciales para establecer una base firme para una vida cristiana fuerte y duradera.

A medida que sigas el plan de Dios para tu vida, sé que encontrarás gran gozo en Sus propósitos y experimentarás Su increíble paz a lo largo del camino.

¡Empecemos!

Cuando puse mi fe en Cristo,
comencé a aprender que todo lo bueno en mi vida era un regalo de Dios, no es algo que yo pueda ganar o acreditarme por mi misma.

– Roxonne

Dios abrió el camino
para que abandones
la senda de la muerte
y entres en la senda
de la vida.

Capítulo 1

El Plan de Dios

Toda buena construcción empieza con un buen plan. Esta verdad se aplica también en tu vida. Una vida bien construida no ocurre de casualidad. Requiere un plan. No un plan cualquiera, sino el plan correcto.

El plan correcto para tu vida empieza con Dios. Dios tiene un plan increíble y maravilloso para ti. Es un plan excelente que supera cualquier cosa que puedas imaginar o hacer, que supera cualquier plan que otros podrían tener para ti.

¿Sabes qué? Dios te conoce. Él te conoce mejor que tú mismo. ¡Él te ha creado! Llevas una etiqueta en tu alma que dice, "¡Diseñado por Dios!" Él te ha creado para un propósito y Él tiene un plan específico para tu vida.

Pero hay un problema. Por naturaleza, no cooperamos muy bien con nuestro Diseñador. De hecho, tenemos el impulso innato de vivir la vida a nuestra manera. Queremos decidir nuestro propio camino. Nos gusta ser nuestro propio jefe. Y sin darnos cuenta, ignoramos, rechazamos y no hacemos caso a Dios.

Sin una conexión personal con Dios, nuestras decisiones en la vida son dirigidas por nuestros deseos y sentimientos, o por las opiniones y presiones de la gente que nos rodea. El resultado es una vida que pierde lo mejor de Dios, una vida que no funciona bien, y que potencialmente, puede terminar siendo una vida lamentable y destructiva.

Hay otra cosa que debes saber. El plan de Dios para tu vida en realidad va más allá de esta vida. Dios te diseñó para vivir para siempre. Sí, un día vas a morir, pero eso es sólo tu cuerpo. Hay una parte interior que vivirá para siempre en un lugar real y eterno. ¡Dios te quiere en ese lugar para estar con Él!

Esto nos lleva de nuevo a nuestro problema: nuestra tendencia natural a ignorar, rechazar y no hacer caso a Dios. Cuando no seguimos el plan de Dios ahora, estamos diciendo no a su plan eterno para nosotros.

El plan de Dios se trata de una relación personal con Él ahora y para la eternidad. Se trata de que tú, voluntariamente, dejes que Él sea el verdadero líder de tu vida. Se trata de abandonar tu propia tendencia que ignora, rechaza y no hace caso a Dios y, en cambio, aceptarlo y seguirlo. Se trata de entregarle el control de tu vida completamente.

¡La buena noticia es que Dios ha hecho esto posible! Él tomó las medidas necesarias para asegurarse de que cada persona que está dispuesta pueda tener una relación personal con Él, y pueda descubrir el plan que Él tiene para su vida, ahora y siempre. El camino para una relación personal con

Dios se encuentra en el libro ambroso llamado la Biblia.

¿Qué pasos necesitas tomar para tener una relación personal con Dios ahora y por la eternidad?

Admite tu problema.

Sí, todos tenemos un problema espiritual. Por naturaleza ignoramos, rechazamos y no hacemos caso a Dios en nuestra vida. Le desobedecemos. Nos convertimos en nuestro propio jefe en vez de dejar que nuestro Creador nos dirija y guie.

Esto se llama pecado. Somos pecadores. Todos nos hemos alejado de Dios en vez de correr hacia Él. ¡Este es nuestro mayor problema!

> Romanos 3:23 (DHH)
> Todos han pecado y están lejos de la presencia gloriosa de Dios.

Para resolver un problema hay que admitir que el problema existe. Este es tu primer paso para acercarte a Dios.

Reconoce las consecuencias.

Cuando se elige el camino equivocado, aquel que tiene la señal de "peligro," terminamos en el lugar equivocado, a menudo en lugares muy malos. Lo mismo ocurre cuando se elige el camino que nos aleja de Dios, en lugar de llevarnos hacia Él.

El pecado tiene consecuencias. Produce muerte y destrucción en lugar de la vida que Dios tiene para ti.

> Romanos 6:23 (NTV)
> Pues la paga que deja el pecado es la muerte, pero el regalo que Dios da es la vida eterna por medio de Cristo Jesús nuestro Señor.

La mayoría de la gente nunca cambia hasta que ven y sienten la necesidad de cambiar. Tenemos que cambiar nuestra dirección espiritual porque sabemos a dónde nos lleva el pecado. ¡El pecado tiene terribles consecuencias mortales!

Acepta la solución de Dios.

¡La buena noticia es que Dios ha provisto la solución para tu problema! Él abrió el camino para que abandones la senda de la muerte y entres en la senda de la vida. Lo hizo porque te ama. Él ofrece esta solución como un regalo a todos los que quieran aceptarlo.

> Romanos 5:8 (NVI)
> Pero Dios demuestra su amor por nosotros en esto: en que cuando todavía éramos pecadores, Cristo murió por nosotros.

> Juan 3:16 (NVI)
> Porque tanto amó Dios al mundo, que dio a su Hijo unigénito, para que todo el que cree en él no se pierda, sino que tenga vida eterna.

Jesús es el camino que Dios ha provisto. Por medio de su muerte y resurrección, El tomó el castigo que nosotros merecíamos y pagó el precio por nuestros pecados.

Ahora nos invita a creer en Él como nuestro

Salvador y Señor resucitado. Cuando ponemos nuestra fe en Él, se nos da un borrón y cuenta nueva, un nuevo comienzo, un cambio de adentro hacia afuera. Nos colocamos en un nuevo camino—el camino de la vida en lugar del que conduce a la muerte. ¡Este es el regalo de la salvación!

> Romanos 10:9-10, 13 (DHH)
> Si con tu boca reconoces a Jesús como Señor, y con tu corazón crees que Dios lo resucitó, alcanzarás la salvación. Pues con el corazón se cree para alcanzar la justicia, y con la boca se reconoce a Jesucristo para alcanzar la salvación. ... Porque esto es lo que dice: "Todos los que invoquen el nombre del Señor, alcanzarán la salvación."

Entonces aquí está la pregunta: ¿Has aceptado la solución de Dios? ¿Has recibido a Jesús como Señor y Salvador de tu vida? ¿Has puesto tu fe en Él y abandonado el camino que conduce a muerte para entrar en el camino que lleva a la vida?

Si no lo has hecho, puedes hacerlo ahora simplemente hablando con Dios. Una oración como la siguiente, te ayudará a recibir a Jesucristo hoy:

> Dios mío, admito que he elegido mi propio camino en lugar del tuyo y he pecado contra ti. Admito que soy un pecador. Me arrepiento de todos mis pecados y decido apartarme de ellos y acercarme a ti.
>
> Creo que Jesús es el Hijo de Dios. Creo que Él murió en la cruz para pagar por mis pecados. Creo que Jesús resucitó de entre los muertos.
>
> Jesús, te pido que entres en mi vida y tomes control de mí. Te recibo como mi Señor y Salvador. Gracias por perdonarme y salvarme. Me entrego a ti. Gracias por responder a mi oración y entrar en mi vida.
>
> En el nombre de Jesús. ¡Amén!

Adelante con Dios.

¡Felicitaciones! Cuando recibiste a Jesús, entraste en la familia de Dios como uno de sus queridos hijos. Tú eres una persona nueva con una vida nueva en Él.

Juan 1:12 (NVI)
Mas a cuantos lo recibieron, a los que creen en su nombre, les dio el derecho de ser hijos de Dios.

2 Corintios 5:17 (NTV)
Esto significa que todo el que pertenece a Cristo se ha convertido en una persona nueva. La vida antigua ha pasado; ¡una nueva vida ha comenzado!

Ahora es el momento de seguir adelante con Él, creciendo paso a paso en tu nueva y emocionante vida en Cristo.

Colosenses 2:6-7 (TLA)
Ustedes han aceptado a Jesucristo como su dueño y Señor. Por eso, deben vivir como a él le agrada. Tal como se les enseñó, confíen cada vez más en él, y vivan obedeciendo sus enseñanzas para ser cada vez mejores, y den siempre gracias a Dios.

¡Soy una nueva persona en Jesús! Él me ha perdonado completamente y me liberó de un pasado tormentoso.

– Alice

La adoración me permite expresar
mi gratitud, mi fe completa en Jesús,
y libera mi mente de preocupaciones y
dudas.

– Daniel

Ahora es tiempo de
avanzar con Cristo,
tomando pasos de
crecimiento en tu
nueva y emocionante
vida en Él.

Capítulo 2
A Crecer

Ver algo crecer es divertido e interesante. Si alguna vez has plantado una semilla es un gran día cuando los pequeños brotes verdes surgen de la tierra. Es emocionante ver la plantita crecer y convertirse en una planta madura y eventualmente producir una hermosa flor. ¡Crecer es excelente y emocionante!

Cuando entregas tu vida a Dios aceptando a Jesucristo de forma personal, eres como una semilla que ha sido plantada en la tierra. La vida de Dios llega a tu espíritu y alma. Recibes un potencial espiritual. Posees todo lo necesario para florecer y dar fruto. ¡Estás listo para crecer!

Pero el crecimiento no es automático. Hay cosas que se deben hacer para ayudar a una semilla a convertirse en una planta saludable, y, finalmente, una planta madura con hermosas flores. Alguien debe suministrar el agua, el calor, la luz solar y los nutrientes de la tierra para que la planta crezca en todo su potencial.

Lo mismo es cierto para tu vida espiritual. Si vas a experimentar el plan de Dios para tu vida, y alcanzar el nivel de vida más alto y mejor que Dios ha diseñado para ti, debes crecer como un seguidor de Jesucristo. Para crecer, debes asegurarte de añadir los ingredientes espirituales correctos en tu vida.

La buena noticia es que Dios ha proporcionado todos los recursos que necesitas para convertirte en la persona que Él quiere y para lo que te ha diseñado. Estos recursos stán disponibles. Son fáciles de añadir. ¡Absolutamente van a cambiar tu vida para bien!

Ahora es el momento para empezar a regar, calentar

y alimentar la vida de Jesús en ti. ¿Cómo haces esto? Éstos son los pasos para seguir:

Guarda la Palabra de Dios, la Biblia, dentro de ti.

Jesús dijo que la Palabra de Dios es el alimento que da vida. La necesitamos para sobrevivir y prosperar.

> Mateo 4:4 (DHH)
> Pero Jesús le contestó: "No sólo de pan vivirá el hombre, sino también de toda palabra que salga de los labios de Dios."

Un buen punto de partida para guardar la Palabra de Dios en tu interior es leer la Biblia todos los días durante unos minutos. Toma cinco o diez minutos durante el día y lee un versículo o un capítulo. Programa este tiempo regularmente para que se convierta en un hábito. La Biblia es un libro sobrenatural que cambiará tu vida. ¡Guárdala dentro de ti!

Debes estar pensando, "No sé por dónde empezar ni cómo leer la Biblia." A primera vista, leer la Biblia puede parecer abrumador. Pero Dios te ayudará a entenderla.

Aquí hay algunas claves sencillas que te guiarán a extraer grandes enseñanzas:

- Obtén una versión de la Biblia que sea fácil de entender, como la Nueva Versión Internacional (NVI) o la Nueva Traducción Viviente (NTV). Puedes obtenerla en una librería cristiana, una librería en línea, o simplemente descarga una versión electrónica. Un buen lugar para encontrar Biblias en línea es, www.youversion.com.

- Pide a Dios que te ayude en tu lectura. ¡Él escribió el libro! El Espíritu Santo te dará el entendimiento. ¡Pídeselo!

- Comienza con el libro de Juan. ¿Por qué? Juan nos cuenta la historia de Jesús de una manera muy clara. A medida que lees el libro conocerás a Jesucristo verso a verso y capítulo a capítulo. Después de terminar el libro de Juan, comienza a leer Mateo, Marcos y las historias de Jesús en Lucas.

Otra gran cosa que puedes hacer es leer un Salmo o un Proverbio cada día. Si no estás seguro de dónde encontrar estos libros en la Biblia, usa la tabla de contenido. En poco tiempo, estarás familiarizado con la forma como la Biblia está estructurada. Así como te alimentas físicamente a diario, aliméntate con comida espiritual de la Biblia todos los días.

- Busca un buen libro devocional que te ayude a entender y aplicar la Biblia en tu vida. Puedes encontrarlos en cualquier librería cristiana. También están disponibles en línea. Si necesitas ayuda para encontrar uno, pregunta por una recomendación a uno de los líderes cristianos o a alguien en la iglesia.

- Al leer la Biblia, trata de ponerte en el pasaje. Piensa en las emociones de las personas en los versos que estás leyendo. Esto hará que las Escrituras tomen vida y te ayudará a ver mejor cómo la Palabra de Dios se aplica a tu vida.

- A medida que lees la Biblia hazte estas preguntas: ¿Cómo se aplica esto a mí? ¿Qué puedo aprender de esto? ¿Cómo me ayudará a vivir para Jesús lo que estoy leyendo? Es posible que desees mantener un diario de lo que estás pensando y aprendiendo al leer la Palabra de Dios.

- Memoriza algunos versículos claves. Es de mucho valor guardar los versículos y las promesas de la Biblia en tu mente y corazón. Estos te van a consolar, animar y ayudar durante el día y al avanzar hacia adelante en la vida.

Salmos 119:11 (DHH)
He guardado tus palabras en mi corazón para no pecar contra ti.

Guardar la Palabra de Dios dentro de ti es clave para tu crecimiento espiritual. Léela. Medítala. Memorízala. Aliméntate de ella todos los días.

Conviértete en un adorador regular, personal de Dios.

Para crecer en tu relación con Dios, necesitas aprender algo acerca de la adoración. Adorar es conectarte con Dios mediante la oración y la alabanza. Adorar es recordar y expresar cuán grande es Dios y lo pequeño que somos en realidad. Adorar también es hablarle a Dios sobre nuestra vida. Traerle nuestras necesidades y preocupaciones en oración, sabiendo que Él nos escucha y contesta. Adorar es pasar tiempo con Dios.

Toma un tiempo cada día para hablar con Dios. Dale gracias y alábalo. La oración y la alabanza no son complicadas. Por medio de tu fe en Jesús eres hijo de Dios. Él es tu Padre Celestial y amigo. Comparte tus preocupaciones con Dios. Pídele sabiduría y guía. Ora por fortaleza. También dale gracias por su amor y bendiciones. Recuerda, Dios te escucha. ¡Te sorprenderá cómo te va a responder!

Mateo 6:9-13 (NVI)

Ustedes deben orar así: "Padre nuestro que estás en el cielo, santificado sea tu nombre, venga tu reino, hágase tu voluntad en la tierra como en el cielo. Danos hoy nuestro pan cotidiano. Perdónanos nuestras deudas, como también nosotros hemos perdonado a nuestros deudores. Y no nos dejes caer en tentación, sino líbranos del maligno."

Filipenses 4:6-7 (NTV)
No se preocupen por nada; en cambio, oren por todo. Díganle a Dios lo que necesitan y denle gracias por todo lo que él ha hecho. Así experimentarán la paz de Dios, que supera todo lo que podemos entender. La paz de Dios cuidará su corazón y su mente mientras vivan en Cristo Jesús.

Aprende a pensar y vivir a la manera de Dios.

Nuestro pensamiento afecta a todo lo que hacemos. Si piensas de la manera equivocada, vivirás de la manera equivocada.

El mundo que nos rodea rara vez piensa acerca de

Dios o como Dios. Las personas que no viven para Dios tienen un conjunto de valores y prioridades que es diferente de las personas que viven para Dios. Puesto que vivimos en el ambiente del mundo, estamos programados y somos influenciados a mantener el mismo tipo de pensamiento, valores y prioridades del mundo. Para crecer como un seguidor de Jesús, debes empezar a pensar, valorar y tener prioridades diferentes en la vida. ¡Eres una persona nueva que vive una vida nueva en un Reino nuevo y esto requiere una nueva forma de pensar!

La Biblia describe este nuevo tipo de pensamiento de esta forma:

> Filipenses 4:8 (DHH)
> Por último, hermanos, piensen en todo lo verdadero, en todo lo que es digno de respeto, en todo lo recto, en todo lo puro, en todo lo agradable, en todo lo que tiene buena fama. Piensen en toda clase de virtudes, en todo lo que merece alabanza.

> Efesios 4:21-24 (NTV)
> Ya que han oído sobre Jesús y han conocido la

> verdad que procede de él, desháganse de su vieja naturaleza pecaminosa y de su antigua manera de vivir, que está corrompida por la sensualidad y el engaño. En cambio, dejen que el Espíritu les renueve los pensamientos y las actitudes. Pónganse la nueva naturaleza, creada para ser a la semejanza de Dios, quien es verdaderamente justo y santo.
>
> Efesios 4:23-24 (TLA)
> Ustedes deben cambiar completamente su manera de pensar, y ser honestos y santos de verdad, como corresponde a personas que Dios ha vuelto a crear, para ser como él.

Pídele a Dios que te ayude a pensar diferente. Consistentemente llena tu mente con pensamientos buenos y puros y tus actitudes serán más positivas, tus relaciones mejorarán y tu vida continuará cambiando para mejor.

Dar los pasos para guardar la palabra de Dios dentro de ti, para convertirse en un adorador de Dios y para aprender a pensar como Él, vale la pena. Así avanzarás en tu relación con Jesús y tu vida comenzará a florecer de una forma hermosa.

Leer la Biblia todos los días transforma mi vida continuamente para mejor. Absorber la Palabra de Dios me ha empoderado para actuar y pensar de acuerdo con la verdad que estoy aprendiendo.

– Jack

Tu vida comenzará
a florecer de una
manera hermosa.

Capítulo 3
Fortaleciéndote

Para continuar creciendo como seguidor de Jesús hay otras cosas importantes que debes hacer.

Veamos otro ejemplo, los músculos. Obviamente tus músculos son una parte importante de tu cuerpo. Te dan flexibilidad, agilidad y resistencia. Sin embargo, los músculos nunca alcanzarán su máximo potencial sin esfuerzo, actividad y ejercicio.

Igualmente debes hacer todo lo posible para desarrollar

músculos espirituales fuertes. ¿Por qué? Porque te ayudará a mantenerte firme en tu relación con Jesucristo. Te ayudará a superar las tentaciones que enfrentes. Te ayudará a ayudar a otros a conocer a Jesús, así como tú has llegado a conocerle.

Para desarrollar músculos espirituales fuertes, sigue estos pasos:

Haz pública tu fe y bautízate.

Nuestra relación con Dios es personal pero no es privada. Es necesario que te identifiques públicamente como un seguidor de Jesús. Escucha lo que Él mismo dijo:

> Mateo 10:32-33 (NTV)
> Todo aquel que me reconozca en público aquí en la tierra también lo reconoceré delante de mi Padre en el cielo; pero al que me niegue aquí en la tierra también yo lo negaré delante de mi Padre en el cielo.

Demostramos públicamente nuestro compromiso con Jesús de varias maneras.

Muchos dan el primer paso en un servicio en la iglesia. No hay mejor lugar para reconocer a Jesús ante los demás que en la iglesia. Esto puede ocurrir cuando el pastor hace la invitación para recibir a Jesús. ¡Decide dar este paso! Todos en la iglesia celebrarán tu decisión.

También debemos comunicar nuestro compromiso con Jesucristo a nuestra familia y amigos. En tu interacción diaria, comparte con los demás que eres un seguidor de Jesús. ¡No te avergüenzes ni sientas miedo!

Cuando compartas tu fe con otros vas a recibir diferentes respuestas. Algunos reaccionarán de una manera positiva. Otros pueden estar felices por ti pero no estarán interesados para sí mismos. Y habrán algunos que no van a entender o apoyarte en esta nueva vida que ahora tienes. Incluso puede que sean hostiles al respecto.

No importa cómo respondan los demás, siempre se amable, paciente y continúa orando. No permitas que la respuesta de una persona ya sea positiva o negativa, tenga un impacto en tu fe. Mantente fuerte.

El bautismo en agua es otra manera importante como declaramos públicamente nuestra fe en Cristo. La Biblia nos enseña que el bautismo es un paso vital de obediencia para el creyente. Jesús mismo nos dio el ejemplo al ser bautizado:

> Mateo 3:13-17 (NTV)
> Luego Jesús fue de Galilea al río Jordán para que Juan lo bautizara, pero Juan intentó convencerlo de que no lo hiciera. —Yo soy el que necesita que tú me bautices —dijo Juan—, entonces, ¿por qué vienes tú a mí? Pero Jesús le dijo: —Así debe hacerse, porque tenemos que cumplir con todo lo que Dios exige. Entonces Juan aceptó bautizarlo. Después del bautismo, mientras Jesús salía del agua, los cielos se abrieron y vio al Espíritu de Dios que descendía sobre él como una paloma. Y una voz dijo desde el cielo: "Este es mi Hijo muy amado, quien me da gran gozo."

Jesús ordenó a sus seguidores que fueran bautizado para demostrar al mundo que verdaderamente eran sus seguidores.

> Mateo 28:19-20 (NTV)
> Por lo tanto, vayan y hagan discípulos de todas las naciones, bautizándolos en el nombre del Padre y del Hijo y del Espíritu Santo. Enseñen a los nuevos discípulos a obedecer todos los mandatos que les he dado. Y tengan por seguro esto: que estoy con ustedes siempre, hasta el fin de los tiempos.

En el bautizo la persona es sumergida totalmente en agua. Esto simboliza a todos los presentes un compromiso con Jesús, en otras palabras, significa el haber muerto a tu antigua manera de vivir y el levantarte con una vida nueva en Jesucristo.

Si no has sido bautizado después que invitaste a Jesús en tu vida, da ese paso tan pronto como sea posible. ¡Bautízate y demuestra a tu familia y amigos que eres serio en tu fe en Jesucristo!

Haz buenas decisiones acerca de las personas en tu círculo íntimo de amigos.

Ser un seguidor de Jesús significa vivir a Su manera. Esto te separa de la multitud que te rodea.

Como seguidor de Jesús es importante tomar decisiones acertadas sobre a quién le permites influir en ti. Ciertamente, debes amar a todos y tener influencia sobre otros para que lleguen a experimentar el amor de Dios. Pero a quién permites tener influencia sobre ti es otra historia.

Tus amigos íntimos tienen una gran influencia en tu vida. Ellos te pueden levantar o hacer caer. Ellos te pueden ayudar en tu relación con Jesús o obstaculizar tu crecimiento espiritual. Elige tu círculo íntimo de amigos con cuidado. Muchas personas han entregado su vidas a Jesús sólo para ser desviados por los malos "amigos." No permitas que esto te suceda a ti.

Para crecer como cristiano puede que tengas que cambiar algunos de tus amigos más cercanos. Esto no quiere decir que dejes de amarlos o cuidar de ellos, sólo significa que tal vez no puedas tener el mismo tipo de relación con ellos que tenías antes de dar tu vida a Jesús. Vale la pena renunciar a algunos amigos para seguir a Jesús y recuerda que Dios te puede dar nuevos amigos que compartan tu fe y tus nuevos valores.

Haz cambios en tu hábitos y estilo de vida basados en las enseñanzas de la Palabra de Dios.

Eres una persona nueva en Cristo. Tu vida es diferente ahora y la manera como vives debe demostrarlo. Esto quiere decir que algunos de tus hábitos deben cambiar. Los lugares a los que vas, las cosas que dices, las cosas que haces, los medios de comunicación a los que te expones, tu estilo de vida por completo debe reflejar a Jesús. Todo esto es parte de tu crecimiento espiritual.

Estos cambios se hacen, no debido a un conjunto de reglas religiosas que estamos obligados a seguir, sino porque queremos agradar y obedecer a Dios. Vivir de acuerdo con Sus mandamientos siempre nos lleva a una vida mejor.

Lo bueno es que Dios te ayudará a hacer estos cambios. Cuando decides vivir como seguidor de Jesús, Dios te da el poder para hacerlo. Cuando la tentación llame a tu puerta, aprende a decir ¡NO! ¡Él te ayudará!

> 1 Corintios 10:13 (TLA)
> Ustedes no han pasado por ninguna tentación que otros no hayan tenido. Y pueden confiar en Dios, pues él no va a permitir que sufran más tentaciones de las que pueden soportar. Además, cuando vengan las tentaciones, Dios mismo les mostrará cómo vencerlas, y así podrán resistir.

Vive para honrar a Dios. Pregúntate con regularidad: "¿Qué haría Jesús en este caso?" "¿Qué dice la Biblia acerca de esto?" Así tomarás mejores decisiones que te conducirán a una vida mejor.

Participa activamente en una iglesia que cree y enseña la Biblia.

La vida cristiana no fue diseñada para vivirla a solas. Cuando invitaste a Jesús en tu vida Dios te trajo a Su familia. Él quiere que te conectes con otros creyentes. ¡Tú los necesitas y ellos te necesitan a ti!

La familia de Dios se encuentra en Su iglesia. Para crecer como un seguidor de Jesús debes ser parte de la iglesia. En la iglesia los creyentes se reúnen a alabar, aprender y servir juntos. Es ahí donde se conectan y cooperan para alcanzar a las personas que necesitan conocer y experimentar el amor de Dios.

La Biblia nos enseña esto claramente:

> Salmos 92:13 (PDT)
> Son como árboles plantados en el templo del SEÑOR que dan hermosos frutos en el patio de nuestro Dios.
>
> Hebreos 10:25 (NTV)
> Y no dejemos de congregarnos, como lo hacen algunos, sino animémonos unos a otros, sobre todo ahora que el día de su regreso se acerca.

Comprométete y participa activamente en la iglesia. Ninguna iglesia es perfecta. En oración pídele a Dios que te guíe a elegir una iglesia centrada en Jesús, que cree y enseña la Biblia, y que transmite el amor de Dios a la comunidad y al mundo. Busca señales de unidad y armonía en la familia de la iglesia. Busca una iglesia saludable donde puedas crecer y dar. Una vez ahí, entrégate de lleno con entusiasmo y expectativa.

Participa en grupos de estudio y clases que te ayuden a crecer.

Dios usa a las personas para ayudarte a crecer. La mejor manera de conocer a otros creyentes y hacer amistades que te apoyen es participando en los grupos de estudio bíblico y grupos que colaboran en la iglesia. A través de estas relaciones interpersonales Dios nos sana y madura.

En estos grupos se habla de la Biblia y se ora. Los participantes se animan mutuamente y trabajan en conjunto. Se dan ayuda práctica y así van creciendo juntos.

En la iglesia también existen grupos de crecimiento en áreas prácticas como el manejo de finanzas y la crianza de los hijos. Otros grupos son para áreas especificas como apoyo para sobrellevar la pérdida de un ser querido o para ayudar en la recuperación de las adicciones.

Aprovecha todos los recursos disponibles en tu iglesia pues te ayudarán a avanzar en tu desarrollo espiritual.

Pon a Dios primero en el uso de tu tiempo, tus recursos y tus talentos.

El uso de tu tiempo, recursos y talentos es algo importante para Dios. Él desea que saques el mayor provecho de todo lo que te ha dado.

Recuerda que todo lo que posees, en última instancia, procede de Dios y le pertenece a Él. Como seguidor de Jesús ahora debes poner a Dios primero y manejar todo lo que Él te ha dado a Su manera. Pídele que te muestre como obedecerlo en estas áreas. ¡Al hacerlo serás bendecido!

Aprende y cree las promesas de Dios para tu vida.

Dios te ha dado promesas maravillosas que te consuelan, animan y fortalecen. Aquí tienes algunas promesas de Dios, que te alentarán en su caminar con Jesús:

- Has sido perdonado.

Efesios 1:7 (NTV) Dios es tan rico en gracia y bondad que compró nuestra libertad con la sangre de su Hijo y perdonó nuestros pecados.

1 Juan 1:9 (NTV) Pero si confesamos nuestros pecados a Dios, él es fiel y justo para perdonarnos nuestros pecados y limpiarnos de toda maldad.

- Has sido justificado con Dios y tienes paz con Él.

Romanos 5:1 (NTV) Por lo tanto, ya que fuimos declarados justos a los ojos de Dios por medio de la fe, tenemos paz con Dios gracias a lo que Jesucristo nuestro Señor hizo por nosotros.

- Tienes una nueva vida en Cristo.

2 Corintios 5:17 (NTV) Esto significa que todo el que pertenece a Cristo se ha convertido en una persona nueva. La vida antigua ha pasado; ¡una nueva vida ha comenzado!

- El Espíritu Santo vive en ti.

Romanos 8:10-11 (DHH) Pero si Cristo vive en ustedes, el espíritu vive porque Dios los ha hecho justos, aun cuando el cuerpo esté destinado a la muerte por causa del pecado.

- Tienes vida eterna.

  1 Juan 5:13 (NVI) Les escribo estas cosas a ustedes que creen en el nombre del Hijo de Dios, para que sepan que tienen vida eterna.

Estas promesas te ayudan cuando crees y confías en ellas. Dios es digno de confianza. ¡Cuando Él promete algo puedes contarlo por seguro!

Por ejemplo, si no te sientes perdonado por algo malo que has hecho, aférrate a esta promesa:

> 1 Juan 1:9 (NTV) Pero si confesamos nuestros pecados a Dios, él es fiel y justo para perdonarnos nuestros pecados y limpiarnos de toda maldad.

Permite que las promesas de Dios sean más fuertes que tus emociones. Si lo haces, tus emociones cambiarán con el tiempo.

La decisión de dar tu vida a Jesucristo es la más grande y mejor decisión que hayas podido hacer. Entrégale todo. Empieza a crecer. No te rindas en los momentos difíciles. ¡Tus mejores días están por venir!

> Jeremías 29:11-13 (DHH)
> Yo sé los planes que tengo para ustedes, planes para su bienestar y no para su mal, a fin de darles un futuro lleno de esperanza. Yo, el Señor, lo afirmo. Entonces ustedes me invocarán, y vendrán a mí en oración y yo los escucharé. Me buscarán y me encontrarán, porque me buscarán de todo corazón.

> Filipenses 1:6 (DHH)
> Estoy seguro de que Dios, que comenzó a hacer su buena obra en ustedes, la irá llevando a buen fin hasta el día en que Jesucristo regrese.

Recuerda siempre que Dios te ama. Él está de tu lado y siempre te va a ayudar. Aprende a conocerlo. Aprende a confiar en Él. Obedécele siempre y experimentarás bendiciones que ni te puedes imaginar.

Mi esposo y yo comenzamos a ver cambios en nuestras vidas cuando tomamos el paso de involucrarnos en la iglesia. El impacto que ha hecho en nuestra familia el formar parte de un grupo nos ha hecho apasionados en liderar un grupo de matrimonios.

– Verónica

La vida cristiana
no fue diseñada
para vivirla de
manera solitaria.

Capítulo 4

Devocional de 31 Días

La Biblia está llena de la verdad que necesitamos para vivir bien y con sabiduria. Esta sección te enseñará como leer la Biblia a diario en 31 devocionales cortos. ¡Uno para cada día del mes! Los breves comentarios de reflexión te alentarán a encontrar revelaciones en la Palabra de Dios y vivir con un sentido renovado, con propósito y pasión por Cristo.

¡Vamos a crecer!

Día 1
Entiéndelo Claramente

Si confiesas con tu boca que Jesús es el Señor y crees en tu corazón que Dios lo levantó de entre los muertos, serás salvo. Porque con el corazón se cree para ser justificado, pero con la boca se confiesa para ser salvo. ROMANOS 10:9-10 (NVI)

La religión no lleva a las personas al cielo. Somos salvos a través de una relación personal con Dios por fe en Su Hijo, Jesucristo. Hacer de Jesucristo el Señor de tu vida es algo que debes hacer por ti mismo. Nadie más puede hacer esto por ti. Lo haces declarando sinceramente, de corazón a Dios, y a los demás tu fe en Jesús como el Salvador que murió por tus pecados y resucitó de la tumba. Si no lo has hecho, ¡hazlo hoy!

___

___

___

___

___

___

___

Día 2
Hazlo Público

Por tanto, mediante el bautismo fuimos sepultados con Él en su muerte, a fin de que, así como Cristo resucitó por el poder del Padre, también nosotros llevemos una vida nueva. ROMANOS 6:4 (NVI)

Hacer público un compromiso es un momento poderoso. Es una declaración al mundo de que hablas en serio. Es ponerse frente a los demás y decir: "¡Esto es real!" De eso se trata el bautismo en agua. Declara al mundo que has entregado tu vida a Cristo. Es poderoso. Es importante. Si no has sido bautizado como creyente en Jesús, ¡anímate y da ese important paso!

____

____

____

____

____

____

____

____

Día 3
El Precio Está Pagado

En él tenemos la redención mediante su sangre, el perdón de nuestros pecados, conforme a las riquezas de la gracia. Efesios 1:7 (NVI)

Redimir significa conseguir la libertad de una persona mediante el pago de un precio. Debido a que somos pecadores, rechazamos la Palabra y voluntad de Dios y nos ponemos en su lugar, tenemos una deuda con Él. Así como un criminal convicto tiene una deuda con la sociedad, nosotros tenemos una deuda con Dios. Jesús vino y dió Su sangre en pago de la deuda que le debemos a Dios. ¡Él nos redimió! ¿No estás contento de haber sido redimido por Su gracia?

Día 4
Sin Preocupaciones

No se preocupen por nada; en cambio, oren por todo. Díganle a Dios lo que necesitan y denle gracias por todo lo que él ha hecho. Así experimentarán la paz de Dios, que supera todo lo que podemos entender. La paz de Dios cuidará su corazón y su mente mientras vivan en Cristo Jesús.
FILIPENSES 4:6-7 (NTV)

¿Tienes una lista de preocupaciones? Por supuesto que sí. Todos la tenemos. Lo más probable es que hayan cosas que te preocupen en este momento. Tus ansiedades te están robando la paz y agotando tus reservas emocionales. ¿Qué se supone que debemos hacer con nuestras preocupaciones? La Biblia nos da la respuesta. Debemos convertir nuestra lista de preocupaciones en nuestra lista de oración. Se nos dice que entreguemos nuestras preocupaciones a Dios, todas ellas, y dejemos que Él las maneje. Es un programa de intercambio: nuestros problemas por Su paz. ¡Suena genial para mí!

Día 5
Si, Él lo Hará

Así que acerquémonos con toda confianza al trono de la gracia de nuestro Dios. Allí recibiremos su misericordia y encontraremos la gracia que nos ayudará cuando más la necesitemos.
HEBREOS 4:16 (NTV)

Cuando se necesita ayuda, es fantástico tener a alguien a quien llamar. Es especialmente maravilloso tener una relación con alguien que te ha prometido su disponibilidad y asistencia antes de que llegue una crisis. Su promesa anticipada de ayuda, te da la confianza para comunicarte con ellos cuando lo necesites. Dios ha hecho esto por ti. Antes de que llegue tu momento de necesidad, Dios ha prometido ayudarte. Cuando lleguen los tiempos difíciles, acepta Su oferta con toda confianza.

____

____

____

____

____

____

Día 6
Gracia que Trabaja

Dios los salvó por su gracia cuando creyeron. Ustedes no tienen ningún mérito en eso; es un regalo de Dios. La salvación no es un premio por las cosas buenas que hayamos hecho, así que ninguno de nosotros puede jactarse de ser salvo. Pues somos la obra maestra de Dios. Él nos creó de nuevo en Cristo Jesús, a fin de que hagamos las cosas buenas que preparó para nosotros tiempo atrás. EFESIOS 2:8-10 (NTV)

El regalo más grande que podemos recibir es la salvación: que nuestros pecados sean perdonados y recibir la vida eterna en la presencia de Dios. Jesús hizo esto posible al morir por nosotros en la cruz. Cuando aceptamos Su obra, recibimos Su gracia. No podemos ser lo suficientemente buenos para conseguirla. Es dada con amor y gratuitamente cuando ponemos nuestra fe en Jesús. Y una vez que la hemos recibido, la misma gracia que nos salva nos capacita para hacer la obra de Dios en nuestro mundo.

____

____

Día 7
Alimento de Fe

Así que la fe viene por oír, es decir, por oír la Buena Noticia acerca de Cristo. ROMANOS 10:17 (NTV)

¿Quieres una fe más fuerte? Tienes que tomar el alimento espiritual correcto. Cuando te alimentas regularmente de la Palabra de Dios, sucede algo sobrenatural: tus músculos de fe crecen y tu energía espiritual aumenta. Tómate un tiempo personal todos los días para leer tu Biblia. Toma tiempo cada semana para estudiar la Palabra de Dios con el pueblo de Dios. Te sorprenderá lo que sucede con tu fe.

Día 8
Juntos somos Mejores

Tengámonos en cuenta unos a otros, a fin de estimularnos al amor y a las buenas obras. No dejemos de congregarnos, como es la costumbre de algunos, sino animémonos unos a otros; y con más razón ahora que vemos que aquel día se acerca.
HEBREOS 10:24-25 (RVC)

No importa cuán fuerte seas, aún necesitas a los demás, especialmente en tu caminar espiritual. Necesitas ser alentado, enseñado, que oren por tí, y desafiado por el ejemplo y las palabras de otros creyentes. De eso se trata la iglesia. Necesitas a la iglesia, y la iglesia te necesita a ti. Hazlo una prioridad.

____

____

____

____

____

____

____

____

Día 9
Ten Sabiduría

El comienzo de la sabiduría es el temor del Señor; conocer al Santo es tener discernimiento. Por mí aumentarán tus días; muchos años de vida te serán añadidos. Si eres sabio, tu premio será tu sabiduría; si eres insolente, solo tú lo sufrirás. PROVERBIOS 9:10-12 (NVI)

El temor generalmente se considera algo malo. Es algo que la gente se esfuerza por superar. Sin embargo, la Biblia nos dice que cierto tipo de temor es saludable, bueno y el punto de partida para convertirse en una persona con sabiduría. Se nos dice que "temamos al Señor." ¿De qué se trata todo esto? Temer a Dios significa reverenciar tanto la sabiduría y la autoridad de Dios de manera que tomas Su palabra como la última palabra para tu vida. Cuando adoptas esta actitud, estás en la posición correcta para aprender lecciones que te llevarán a la mejor vida posible.

___

___

___

___

Día 10
Forma de Pensar

No imiten las conductas ni las costumbres de este mundo, más bien dejen que Dios los transforme en personas nuevas al cambiarles la manera de pensar. Entonces aprenderán a conocer la voluntad de Dios para ustedes, la cual es buena, agradable y perfecta.

ROMANOS 12:2 (NTV)

Se le llama "pensamiento apestoso" y todo el mundo lo tiene. Es esa manera deformada que tenemos de ver a Dios, a otras personas e incluso a nosotros mismos que es torcida, distorsionada, dolorosa e insensible. Es un pensamiento dañino que nos lleva a hacer cosas y luego nos preguntamos "¿Qué estaba pensando?" Dios quiere cambiar tu forma de pensar. A medida que conoces la perspectiva y los principios de Dios, comienzas a ver a las personas y a las situaciones de una manera sana y pura. Tienes mejores pensamientos que te conducen a mejores decisiones para tu vida.

Día 11
Lo Que Importa

Jesús contestó:"Ama al Señor tu Dios con todo tu corazón, con toda tu alma y con toda tu mente". Este es el primer mandamiento y el más importante. Hay un segundo mandamiento que es igualmente importante: "Ama a tu prójimo como a ti mismo".
MATEO 22:37-39 (NTV)

¿Que es importante para ti? Hay una forma sencilla de saberlo. Mira honestamente dónde pones tu tiempo, energía y dinero. ¿Qué es lo que más piensas cuando eliges lo que vas a pensar? Desafortunadamente, si somos sinceros sobre las cosas que ocupan nuestra atención, a menudo descubrimos que nuestro enfoque está en cosas que realmente no importan. Qué fácil es ignorar lo que es realmente importante: amar a Dios y amar a los demás. Jesús nos enseñó que de eso se trata realmente la vida.

____

____

____

____

____

Día 12
Favorecido

El Señor Dios brilla sobre nosotros y nos protege;
nos bendice con bondad y gloria. El Señor no le
niega ninguna bendición al que vive con integridad.
SALMOS 84:11 (PDT)

Ser favorecido. ¡Qué promesa! El favor es algo que alguien hace por ti porque te conoce y te ama. El favor abre una puerta de bendición y oportunidad que no podrías haber abierto por ti mismo. Es un beneficio que surge de la relación. El favor fluye de la generosidad y la bondad de un donante a un receptor que no lo merece. Dios tiene favor para otorgarte. ¿Por qué? Solo porque Él es bueno y generoso, y te ama. Anticipa Su favor.

____

____

____

____

____

____

____

____

Día 13
Cosas Pequeñas

Si son fieles en las cosas pequeñas, serán fieles en las grandes; pero si son deshonestos en las cosas pequeñas, no actuarán con honradez en las responsabilidades más grandes.
LUCAS 16:10 (NTV)

Hay una frase que se repite a menudo: "No te preocupes por las cosas pequeñas". Quien haya acuñado esta frase debe haberse perdido una de las lecciones de Jesús. Él nos dijo que la forma como se manejan las cosas pequeñas es una de las pruebas principales del carácter de una persona. Lo que hacemos con lo poco que tenemos predice lo que haremos con mucho. Según Jesús, si aprendiéramos a ser fieles con lo minúsculo, se nos confiaría mucho más. Si manejamos bien las tareas menores, estaremos preparados para las tareas mayores.

Día 14
Bajo Control

En verdad, Dios ha manifestado a toda la humanidad su gracia, la cual trae salvación y nos enseña a rechazar la impiedad y las pasiones mundanas. Así podremos vivir en este mundo con justicia, piedad y dominio propio.
TITO 2:11-12 (NVI)

A la mayoría de nosotros no nos importa decirles a otras personas qué hacer. Somos rápidos para pontificar nuestras opiniones, dar nuestros consejos y ofrecer nuestras sugerencias. Somos expertos en tratar de controlar y cambiar a otros y probablemente hayas observado que pocas personas prestan atención a tus esfuerzos. Te seguiero algo. Olvídate de controlar y cambiar a los demás y empieza contigo. Practica el auto-control.

____

____

____

____

____

____

Día 15
El Nuevo Tú

Desháganse de su vieja naturaleza pecaminosa y de su antigua manera de vivir, que está corrompida por la sensualidad y el engaño. En cambio, dejen que el Espíritu les renueve los pensamientos y las actitudes. Pónganse la nueva naturaleza, creada para ser a la semejanza de Dios, quien es verdaderamente justo y santo.
Efesios 4:22-24 (NTV)

La historia se divide en dos partes: A.C. (que significa antes del nacimiento de Cristo) y D.C. (que significa después de Cristo, que también se escribe A.D. proveniente del latín Anno Domini y significa "en el año de Nuestro Señor.") Como cristiano tienes una vida A.C. y una vida D.C. En otras palabras, la persona que eras antes de conocer a Jesús y la persona que eres ahora, después de conocer al Señor Jesucristo. ¡Asegúrate de vivir de una manera que se refleje tu vida D.C. y no tu vida A.C.!

Día 16
Raíces

Alégrense por la esperanza segura que tenemos.
Tengan paciencia en las dificultades y sigan orando.
ROMANOS 12:12 (NTV)

En un huracán, los árboles que tienen las raíces más fuertes, sanas y profundas sobreviven. El viento y la lluvia no pueden destruirlos, porque están arraigados a la tierra. Las tormentas son parte de la vida. Enfrentamos tormentas financieras, maritales, laborales y físicas. ¿Cuál es la diferencia entre los que sobreviven y los que no? Raíces espirituales fuertes, sanas y profundas. ¿Cómo es tu sistema de raíces?

____

____

____

____

____

____

____

____

____

Día 17
Completo

Pórtense como hijos obedientes, y no sigan los dictados de sus anteriores malos deseos, de cuando vivían en la ignorancia. Al contrario, vivan una vida completamente santa, porque santo es aquel que los ha llamado. Escrito está: "Sean santos, porque yo soy santo." 1 PEDRO 1:14-16 (RVC)

¿Qué significa para ti la palabra "santo"? La gente tiene muchas ideas extrañas sobre lo que significa ser santo. Según la Biblia, ser santo es ser completo. Dios coloca las partes pecaminosas, y destrozadas de tu vida en una pieza entera y completa. Y cuando Dios te hace completo, quieres amarlo y obedecerlo totalmente. Tú deseo es ser santo.

Día 18
Algo Mejor

Porque yo sé muy bien los planes que tengo para ustedes —afirma el Señor—, planes de bienestar y no de calamidad, a fin de darles un futuro y una esperanza. JEREMÍAS 29:11 (NVI)

Todo el mundo necesita esperanza. No puedes llegar lejos en la vida sin ella. La esperanza proviene de la seguridad de que algo mejor está por venir, algo prometedor y con un propósito. Cuando te entregas a Dios, abres tu vida a la esperanza. Cuando sigues a Dios, siempre hay algo bueno que está delante para ti.

Día 19
Deja Ir

Más bien, sean bondadosos y compasivos unos con otros, y perdónense mutuamente, así como Dios los perdonó a ustedes en Cristo. EFESIOS 4:32 (NVI)

Cuando alguien te lastima, es probable que quieras que ellos tambien sean lastimados. Desear vengarse por el dolor que nos causan, es parte de la forma de pensar del mundo. Dios nos llama a hacer las cosas de manera diferente. Cuando las personas te causan dolor, recuerda todo el dolor que tú le has causado a Dios. Recuerda las muchas veces que Él te ha perdonado. Otorga a otras personas la misma gracia que Dios te ha dado a ti.

Día 20
Esto es Guerra

Revístanse de toda la armadura de Dios, para que puedan hacer frente a las asechanzas del diablo. La batalla que libramos no es contra gente de carne y hueso, sino contra principados y potestades, contra los que gobiernan las tinieblas de este mundo, ¡contra huestes espirituales de maldad en las regiones celestes! EFESIOS 6:11-12 (RVC)

Ningún soldado inteligente y entrenado va a la batalla sin el equipo adecuado. Ganar una guerra requiere los recursos correctos. Como cristianos, estamos en guerra con los espíritus de las tinieblas. Es una guerra real con bajas reales. No lo tomes a la ligera. Vístete apropiadamente para tu batalla espiritual.

Día 21
No Se Trata de Mi

Pero entre ustedes será diferente. El que quiera ser líder entre ustedes deberá ser sirviente, y el que quiera ser el primero entre ustedes deberá ser esclavo de los demás. Pues ni aun el Hijo del Hombre vino para que le sirvan, sino para servir a otros y para dar su vida en rescate por muchos.
MARCOS 10:43-45 (NTV)

La mayoría de nosotros tenemos tres personas favoritas en nuestra vida: yo, yo mismo, y... yo! ¿No lo crees? Escucha tus palabras y vigila tus acciones. Una auto-observación honesta suele confirmar que estamos muy preocupados por obtener lo que queremos, cuando lo queremos, de la manera que lo queremos. Jesús nos enseñó y modeló algo diferente. Nos recordó que las personas verdaderamente grandes buscan lo que pueden dar, no recibir, y donde pueden servir, no ser servidos.

____

____

____

____

Día 22
Valora a Todos

Tú creaste las delicadas partes internas de mi cuerpo y me entretejiste en el vientre de mi madre. ¡Gracias por hacerme tan maravillosamente complejo! Tu fino trabajo es maravilloso, lo sé muy bien. SALMOS 139:13-14 (NTV)

La vida es preciosa. La vida es santa. La vida es un regalo. La vida es de Dios. Desde el momento de la concepción, el gran milagro de Dios llamado vida declara Su gloria y bondad. Valora lo que Dios valora. Honra lo que Dios honra. ¡Celebra la vida!

Día 23
Ayuda de Poder

Pero recibirán poder cuando el Espíritu Santo descienda sobre ustedes; y serán mis testigos, y le hablarán a la gente acerca de mí en todas partes: en Jerusalén, por toda Judea, en Samaria y hasta los lugares más lejanos de la tierra. HECHOS 1:8 (NTV)

"No puedo" es una frase que impide que muchas personas hagan cosas buenas y alcancen su máximo potencial. Es una declaración de descalificación. Compartir a Jesús con los demás es algo que no podemos hacer bien por nosotros mismos. Sin la ayuda de Dios, todos nuestros esfuerzos por alcanzar a las personas para Cristo serán inútiles. La buena noticia es que Dios nos dió una promesa de poder. Él prometió el poder del Espíritu Santo para hacer a través de nosotros lo que no podemos hacer por nosotros mismos. Cuando le pedimos que nos llene del Espíritu Santo, Él responde. Él nos califica y nos empodera para hacer Su obra.

____

____

____

____

Día 24
Valioso

Y decían con fuerte voz: "¡El Cordero que fue sacrificado es digno de recibir el poder y la riqueza, la sabiduría y la fuerza, el honor, la gloria y la alabanza!" APOCALIPSIS 5:12 (DHH)

¿Cuáles son tus posesiones de más valor? Tu lista puede que incluya joyas, un portafolio financiero, una colección de arte o tal vez la reliquia de la familia. Así es como definimos las cosas de valor en la tierra. En el cielo se definen de manera diferente. Lo de más valor y valioso en el cielo no es un objeto, es una persona, Jesucristo, el Cordero de Dios. Nuestra vida cambia significativamente para mejor cuando aceptamos la definición del cielo y le damos a Jesús el valor que se merece.

____

____

____

____

____

____

____

Día 25
¡Crece!

Nosotros damos a conocer a Cristo a todos, aconsejándoles y enseñándoles con toda la sabiduría que Dios nos da, pues queremos presentarlos a todos ante Dios espiritualmente maduros en Cristo. COLOSENSES 1:28 (PDT)

¿Conoces a alguien que se rehúse a actuar de acuerdo con su edad? Nuestra opinión de ellos grita "¡Madura!" Algunos nunca crecen en su caminar con Dios. Han conocido a Jesús por años, pero en término espirituales todavía actúan como niños. Son creyentes que requieren alto mantenimiento, que constantemente necesitan ser mimados espiritualmente. Ellos aún no han aceptado la responsabilidad de crecer. No permitas que este seas tú. Para continuar con Dios, tienes que seguir creciendo con Dios.

Día 26
¿Qué, qué?

La lengua tiene poder para dar vida y para quitarla; los que no paran de hablar sufren las consecuencias. PROVERBIOS 18:21 (TLA)

Tus palabras cambian las cosas. Ellas pueden aumentar o disminuir fortaleza. Con ellas se ganan amigos, construyes la paz o creas luchas y generas divisiones. Pueden inspirar esperanza o matarla. Lo que dices tiene importancia. Domar la lengua es difícil, pero el esfuerzo vale la pena. Piensa antes de hablar.

Día 27
Al Revés

No hagan nada por egoísmo o vanidad. Más bien, hagan todo con humildad, considerando a los demás como mejores que ustedes mismos. Cada uno debe buscar no sólo su propio bien, sino también el bien de los demás.
FILIPENSES 2:3-4 (NBV)

"¿Que hay para mi?" Esta pregunta dice mucho sobre el corazón de una persona. Dice algo acerca de lo que realmente es importante para ellos. Exalta los deseos, planes y ventajas personales. Causa que las personas tomen malas decisiones que con frecuencia lastiman a otros. La clave para una vida gozosa es la habilidad de considerar los deseos y necesidades de otros tan cuidadosamente como considerarías los tuyos. Cuando piensas de esta manera, mejora la dirección que toma tu vida y el impacto que tienes en a las personas que te rodean.

___

___

___

___

___

Día 28
Déjalo a Dios

Vengan a mí todos ustedes, los agotados de tanto trabajar, que yo los haré descansar. Lleven mi yugo sobre ustedes, y aprendan de mí, que soy manso y humilde de corazón, y hallarán descanso para su alma; porque mi yugo es fácil, y mi carga es liviana.
MATEO 11:28-30 (RVC)

¿Está tu alma cansada? La fatiga emocional y spiritual es el tipo de cansancio más profundo que tu puedes experimentar. Y eso requiere un arreglo sobrenatural. Jesús ofrece la cura. Él te invita a venir y a dejar todas tus cargas sobre Él. Descarga tus preocupaciones en Jesús. Confíale todo lo que te preocupa, y encontrarás el descanso que solamente Él puede dar.

Día 29
Haciendo Lo Mejor

Por tanto, ¡cuidado con su manera de vivir!
No vivan ya como necios, sino como sabios.
Aprovechen bien el tiempo, porque los días son malos.
EFESIOS 5:15-16 (RVC)

Cada día a todos se nos da el mismo regalo, veinticuatro horas. Nadie obtiene menos o más. Tienes el mismo tiempo que todos los demás. ¿Has notado cómo algunas personas logran hacer mas con su tiempo que otras? ¿Por qué? Ellos contabilizan el tiempo. No lo desperdician, lo invierten. Buscan por las oportunidades en los momentos que se le presentan. Cuando hacemos esto, la Biblia nos llama sabios.

____

____

____

____

____

____

____

Día 30
Domando a un Tigre

No permitan que la ira los haga cometer pecados; que la noche no los sorprenda enojados. No le den ninguna oportunidad al diablo para que los derrote. EFESIOS 4:26-27 (PDT)

El enojo esta muy cerca del peligro. ¿Qué convierte el enojo en peligro? Una mala decisión. Lo que tu decides hacer con tu enojo determina como te va a afectar y afectar a los que están a tu alrededor. Tú puedes manejarlo productivamente y responder a las personas y a ciertas situaciones con gracia, o pudieras resentirte, amargarte o pervertirte. La decisión es tuya. Las consecuencias también son tuyas.

____

____

____

____

____

____

____

____

Día 31
Fabricante de Carriles

Por lo tanto, ya que estamos rodeados por una enorme multitud de testigos de la vida de fe, quitémonos todo peso que nos impida correr, especialmente el pecado que tan fácilmente nos hace tropezar. Y corramos con perseverancia la carrera que Dios nos ha puesto por delante.
Hebreos 12:1 (NTV)

A los corredores se les asignan carriles. El carril de cada corredor esta claramente marcado. Cuando el corredor presta mucha atención a el carril de otros corredores, este es distraído. Cuando este se mueve fuera de su carril asignado, es descalificado. Dios te ha dado un carril en tu vida para que corras en el. No compares tu carril con el carril de otros. Mantente en el carril que Dios ha marcado para tu vida. Serás más feliz, más saludable y mucho más fructífero.

____

____

____

____

____

*Tengo el privilegio de dar
y de vivir en obediencia al Señor,
Él nunca falla en suplir todas mis
necesidades y en bendecir mi vida
mientras le sirvo.*

– Abeselom

Jeremías 29:11-13 NVI

"Porque yo sé muy bien los planes que tengo para ustedes —afirma el SEÑOR—, planes de bienestar y no de calamidad, a fin de darles un futuro y una esperanza. Entonces ustedes me invocarán, y vendrán a suplicarme, y yo los escucharé. Me buscarán y me encontrarán cuando me busquen de todo corazón."

Capítulo 5

Declarando Las Escrituras Sobre Tu Vida

A continuación, te presentamos una lista de versículos bíblicos que te enseñarán a cómo orar la Palabra de Dios con confianza. Úsalos cuando se presenten diferentes necesidades en tu vida. Incluso te animamos a que memorices algunos de ellos. ¡Esto te ayudará a seguir creciendo mientras renuevas tu mente con la verdad de la Palabra de Dios!

El Poder de la Oración

Mateo 6:9-13 (NVI)
Ustedes deben orar así: Padre nuestro que estás en el cielo, santificado sea tu nombre, venga tu reino, hágase tu voluntad en la tierra como en el cielo. Danos hoy nuestro pan cotidiano. Perdónanos nuestras deudas, como también nosotros hemos perdonado a nuestros deudores. Y no nos dejes caer en tentación, sino líbranos del maligno.

Mateo 7:7-8 (NVI)
Pidan, y se les dará; busquen, y encontrarán; llamen, y se les abrirá. Porque todo el que pide, recibe; el que busca, encuentra; y al que llama, se le abre.

Marcos 11:24 (NVI)
Por eso les digo: Crean que ya han recibido todo lo que estén pidiendo en oración, y lo obtendrán.

Filipenses 4:6-7 (NTV)
No se preocupen por nada; en cambio, oren por todo. Díganle a Dios lo que necesitan y denle gracias por todo lo que él ha hecho. Así

experimentarán la paz de Dios, que supera todo lo que podemos entender. La paz de Dios cuidará su corazón y su mente mientras vivan en Cristo Jesús.

La Fe

Marcos 9:23-24 (NTV)
¿Cómo que "si puedo"? —preguntó Jesús—. Todo es posible si uno cree. Al instante el padre clamó: ¡Sí, creo, pero ayúdame a superar mi incredulidad!

Romanos 10:17 (NVI)
Así que la fe viene como resultado de oír el mensaje, y el mensaje que se oye es la palabra de Cristo.

Efesios 2:8-9 (NTV)
Dios los salvó por su gracia cuando creyeron. Ustedes no tienen ningún mérito en eso; es un regalo de Dios. La salvación no es un premio por las cosas buenas que hayamos hecho, así que ninguno de nosotros puede jactarse de ser salvo.

Hebreos 11:1 (NTV)
La fe demuestra la realidad de lo que esperamos; es

la evidencia de las cosas que no podemos ver.

1 Juan 5:14 (NVI)
Esta es la confianza que tenemos al acercarnos a Dios: que, si pedimos conforme a su voluntad, él nos oye.

Sanidad en Tu Cuerpo, Mente y Emociones

Salmos 23:1-4 (NVI)
El SEÑOR es mi pastor, nada me falta; en verdes pastos me hace descansar. Junto a tranquilas aguas me conduce; me infunde nuevas fuerzas Me guía por sendas de justicia por amor a su nombre. Aún si voy por valles tenebrosos, no temo peligro alguno porque tú estás a mi lado; tu vara de pastor me reconforta.

Salmos 103:1-5 (NVI)
Alaba, alma mía, al SEÑOR; alabe todo mi ser su santo nombre. Alaba, alma mía, al SEÑOR, Y no olvides ninguno de sus beneficios. Él perdona todos tus pecados y sana todas tus dolencias; él rescata tu vida del sepulcro y te cubre de amor

y compasión; él colma de bienes tu vida y te rejuvenece como a las águilas.

Salmos 107:20 (NVI)
Envió su palabra para sanarlos, y así los rescató del sepulcro.

Isaías 53:4-5 (NTV)
Sin embargo, fueron nuestras debilidades las que él cargó; fueron nuestros dolores los que lo agobiaron. Y pensamos que sus dificultades eran un castigo de Dios, ¡un castigo por sus propios pecados! Pero él fue traspasado por nuestras rebeliones y aplastado por nuestros pecados. Fue golpeado para que nosotros estuviéramos en paz; fue azotado para que pudiéramos ser sanados.

Mateo 8:16-17 (NTV)
Aquella noche, le llevaron a Jesús muchos endemoniados. Él expulsó a los espíritus malignos con una simple orden y sanó a todos los enfermos. Así se cumplió la palabra del Señor por medio del profeta Isaías, quien dijo: "Se llevó nuestras enfermedades y quitó nuestras dolencias".

Mateo 9:35 (NTV)
Jesús recorrió todas las ciudades y aldeas de esa región, enseñando en las sinagogas y anunciando la Buena Noticia acerca del reino; y sanaba toda clase de enfermedades y dolencias.

Mateo 10:1 (NTV)
Jesús reunió a sus doce discípulos y les dio autoridad para expulsar espíritus malignos y para sanar toda clase de enfermedades y dolencias.

Juan 16:33 (NVI)
Yo les he dicho estas cosas para que en mí hallen paz. En este mundo afrontarán aflicciones, pero ¡anímense! Yo he vencido al mundo.

Romanos 12:1-2 (NVI)
Por lo tanto, hermanos, tomando en cuenta la misericordia de Dios, les ruego que cada uno de ustedes, en adoración espiritual, ofrezca su cuerpo como sacrificio vivo, santo y agradable a Dios. No se amolden al mundo actual, sino sean transformados mediante la renovación de su mente. Así podrán comprobar cuál es la voluntad de Dios, buena, agradable y perfecta.

Efesios 4:26-27 (NTV)
Además, “no pequen al dejar que el enojo los controle”. No permitan que el sol se ponga mientras siguen enojados, porque el enojo da lugar al diablo.

Filipenses 4:8 (NTV)
Y ahora, amados hermanos, una cosa más para terminar. Concéntrense en todo lo que es verdadero, todo lo honorable, todo lo justo, todo lo puro, todo lo bello y todo lo admirable. Piensen en cosas excelentes y dignas de alabanza.

2 Timoteo 1:7 (NTV)
Pues Dios no nos ha dado un espíritu de temor y timidez sino de poder, amor y autodisciplina.

Santiago 5:13-16 (NVI)
¿Está afligido alguno entre ustedes? Que ore. ¿Está alguno de buen ánimo? Que cante alabanzas. ¿Está enfermo alguno de ustedes? Haga llamar a los ancianos de la iglesia para que oren por él y lo unjan con aceite en el nombre del Señor. La oración de fe sanará al enfermo y el Señor lo levantará. Y, si ha pecado, su pecado se le

perdonará. Por eso, confiésense unos a otros sus pecados, y oren unos por otros, para que sean sanados. La oración del justo es poderosa y eficaz.

1 Juan 4:4 (NTV)
Pero ustedes, mis queridos hijos, pertenecen a Dios. Ya lograron la victoria sobre esas personas, porque el Espíritu que vive en ustedes es más poderoso que el espíritu que vive en el mundo.

La Provisión Financiera y el Dar

Malaquías 3:10-12 (NTV)
"Traigan todos los diezmos al depósito del templo, para que haya suficiente comida en mi casa. Si lo hacen—dice el SEÑOR de los Ejércitos Celestiales—, les abriré las ventanas de los cielos. ¡Derramaré una bendición tan grande que no tendrán suficiente espacio para guardarla! ¡Inténtenlo! ¡Pónganme a prueba! Sus cosechas serán abundantes porque las protegeré de insectos y enfermedades. Las uvas no caerán de las vides antes de madurar—dice el SEÑOR de los Ejércitos Celestiales—. Entonces todas las naciones los llamarán benditos, porque su tierra será un

deleite", dice el SEÑOR de los Ejércitos Celestiales.

Mateo 6:19-21 (NTV)
No almacenes tesoros aquí en la tierra, donde las polillas se los comen y el óxido los destruye, y donde los ladrones entran y roban. Almacena tus tesoros en el cielo, donde las polillas y el óxido no pueden destruir, y los ladrones no entran a robar. Donde esté tu tesoro, allí estarán también los deseos de tu corazón.

Mateo 6:33 (NVI)
Más bien, busquen primeramente el reino de Dios y su justicia, y todas estas cosas les serán añadidas.

Lucas 6:38 (NVI)
Den, y se les dará: se les echará en el regazo una medida llena, apretada, sacudida y desbordante. Porque con la medida que midan a otros, se les medirá a ustedes.

Filipenses 4:12-13 (NVI)
Sé lo que es vivir en la pobreza, y lo que es vivir en la abundancia. He aprendido a vivir en todas y cada una de las circunstancias, tanto a quedar

saciado como a pasar hambre, a tener de sobra como a sufrir escasez. Todo lo puedo en Cristo que me fortalece.

Filipenses 4:19 (NVI)
Así que mi Dios les proveerá de todo lo que necesiten, conforme a las gloriosas riquezas que tiene en Cristo Jesús.

1 Timoteo 6:6-10 (NVI)
Es cierto que con la verdadera religión se obtienen grandes ganancias, pero solo si uno está satisfecho con lo que tiene. Porque nada trajimos a este mundo, y nada podemos llevarnos. Así que, si tenemos ropa y comida, contentémonos con eso. Los que quieren enriquecerse caen en la tentación y se vuelven esclavos de sus muchos deseos. Estos afanes insensatos y dañinos hunden a la gente en la ruina y en la destrucción. Porque el amor al dinero es la raíz de toda clase de males. Por codiciarlo, algunos se han desviado de la fe y se han causado muchísimos sinsabores.

1 Timoteo 6:17-19 (NTV)
Enséñales a los ricos de este mundo que no sean

orgullosos ni que confíen en su dinero, el cual es tan inestable. Deberían depositar su confianza en Dios, quien nos da en abundancia todo lo que necesitamos para que lo disfrutemos. Diles que usen su dinero para hacer el bien. Deberían ser ricos en buenas acciones, generosos con los que pasan necesidad y estar siempre dispuestos a compartir con otros. De esa manera, al hacer esto, acumularán su tesoro como un buen fundamento para el futuro, a fin de poder experimentar lo que es la vida verdadera.

Salvación Para La Familia y Para Otros

Hechos 16:31-34 (NVI)
Cree en el Señor Jesús; así tú y tu familia serán salvos—le contestaron. Luego les expusieron la palabra de Dios a él y a todos los demás que estaban en su casa. A esas horas de la noche, el carcelero se los llevó y les lavó las heridas; en seguida fueron bautizados él y toda su familia. El carcelero los llevó a su casa, les sirvió comida y se alegró mucho junto con toda su familia por haber creído en Dios.

Romanos 10:13 (NVI)
Porque "todo el que invoque el nombre del Señor será salvo".

1 Timoteo 2:4 (NVI)
Pues él quiere que todos sean salvos y lleguen a conocer la verdad.

2 Pedro 3:9 (NTV)
En realidad, no es que el Señor sea lento para cumplir su promesa, como algunos piensan. Al contrario, es paciente por amor a ustedes. No quiere que nadie sea destruido; quiere que todos se arrepientan.

Relaciones Interpersonales

Proverbios 17:17 (NVI)
En todo tiempo ama el amigo; para ayudar en la adversidad nació el hermano.

Mateo 5:44 (RVC)
Pero yo les digo: Amen a sus enemigos, bendigan a los que los maldicen, hagan bien a los que los odian, y oren por quienes los persiguen.

Mateo 6:14-15 (RVC)
Si ustedes perdonan a los otros sus ofensas, también su Padre celestial los perdonará a ustedes. Pero si ustedes no perdonan a los otros sus ofensas, tampoco el Padre de ustedes les perdonará sus ofensas.

Lucas 14:11 (NTV)
Pues aquellos que se exaltan a sí mismos serán humillados, y los que se humillan a sí mismos serán exaltados.

Juan 13:34 (PDT)
Les estoy dando un mandamiento nuevo: que se amen los unos a los otros. Ámense tal como yo los amé.

Romanos 15:7 (NVI)
Por tanto, acéptense mutuamente, así como Cristo los aceptó a ustedes para gloria de Dios.

Efesios 4:31-32 (NTV)
Abandonen toda amargura, ira y enojo, gritos y calumnias, y toda forma de malicia. Más bien, sean bondadosos y compasivos unos con otros,

y perdónense mutuamente, así como Dios los perdonó a ustedes en Cristo.

Filipenses 2:3-4 (NTV)
No sean egoístas; no traten de impresionar a nadie. Sean humildes, es decir, considerando a los demás como mejores que ustedes. No se ocupen solo de sus propios intereses, sino también procuren interesarse en los demás.

El Trabajo del Espíritu Santo

Lucas 11:13 (NVI)
Pues, si ustedes, aun siendo malos, saben dar cosas buenas a sus hijos, cuánto más el Padre celestial dará el Espíritu Santo a quienes se lo pidan.

Lucas 24:49 (NTV)
Ahora enviaré al Espíritu Santo, tal como prometió mi Padre; pero quédense aquí en la ciudad hasta que el Espíritu Santo venga y los llene con poder del cielo.

Juan 14:25-26 (RVC)
Les he dicho estas cosas mientras estoy con ustedes. Pero el Espíritu Santo, a quien el Padre enviará en mi nombre, los consolará y les enseñará todas las cosas, y les recordará todo lo que yo les he dicho.

Hechos 1:8 (NTV)
Pero recibirán poder cuando el Espíritu Santo descienda sobre ustedes; y serán mis testigos, y le hablarán a la gente acerca de mí en todas partes: en Jerusalén, por toda Judea, en Samaria y hasta los lugares más lejanos de la tierra.

Gálatas 5:22-23 (NVI)
En cambio, el fruto del Espíritu es amor, alegría, paz, paciencia, amabilidad, bondad, fidelidad, humildad y dominio propio. No hay ley que condene estas cosas.

Efesios 5:18-19 (NTV)
No se emborrachen con vino, porque eso les arruinará la vida. En cambio, sean llenos del Espíritu Santo cantando salmos e himnos y canciones espirituales entre ustedes, y haciendo música al Señor en el corazón.

Acerca del Autor

Dale A. O'Shields es el fundador y el pastor principal de Church of the Redeemer, una iglesia, multicultural, multigeneracional, y de sedes múltiples en el área de Washington DC. El Pastor Dale es conocido por su estilo relevante para enseñar, enfocado en la aplicación práctica de la Palabra de Dios. Sus mensajes son transmitidos ampliamente a través de la radio, televisión y en línea. Su corazón para animar y equipar a pastores lo ha llevado a ser el fundador clave del United Pastor Network y un conferencista frecuente. También ha escrito varios libros, devocionales, y guías para estudios grupales. Pastor Dale y su esposa Terry tienen dos hijas casadas y siete nietos.